AF326384

21. 5. Auril · Juillet 1693o

EDICT DV ROY,

PORTANT D'ECLA-RATION POVR IOVYR A

l'aduenir en heredité par les Receueurs des Tailles des droictz des
ports des Commissions des Tailles,
Taillon, & Creuës extraordinaires,
auec la descharge des semonces, &
en leur reffuz par les particuliers
proprietaires.

Verifié en la Cour des Aydes le 18. May 1620.

A PARIS,

Chez F. Morel, & P. Mettayer, Impri-
meurs & Libraires ordinaires du Roy.

M. DC. XXI.

Auec Priuilege de sa Maiesté.

(5)

Louis par la gra-
ce de Dieu Roy
de France et de
Navarre. A tous
preſens & à venir : Sa-
lut. Comme par Edict du feu Roy
noſtre treſ-honnoré Seigneur & pere,
que Dieu abſolue, du mois de Iuin
mil cinq cens quatre vingts dixneuf,
Declaration, Arreſts & Reglemens
depuis interuenus en ſuitte dudict
Edict, eſmanées, tant de noſtredict
Sieur & pere, que de nous, Auroit
eſté attribué aux Receueurs des Tailles des Eſlections de ce Royaume la
faculté de faire faire le port & enuoy
des Commiſſions & mandemens deſ-

A ij

dictes Tailles & Creuës ordinaires &
extraordinaires , auec les droictz de
quarante ſols pariſis pour chacun mãdement du principal de la Taille &
Creuës y ioinctes de chacune parroiſſe , dix ſols pariſis pour le Taillon , dix
ſolspariſispour mãdement de la grãde
Creuë extraordinaire & Creuës parti-
culieres , compriſes en la Commiſſion
de ladicte grande Creuë, Pareil droict
pour le port de chacun mandement
de chacune Creuë extraordinaire qui
arriue au courant de l'année , Et autres
dix ſols pariſis pour mandement de la
Creuë des Turcyes & leuées és Eſlections ſeulement où elle a lieu. Et ce
tant pour receuoir quelque ſecours en
l'vrgente neceſſité de nos affaires , que
pour dóner du ſoulagement à nosſub-
iectz contribuables auſdictes Tailles:
Ainſi qu'il eſt au long contenu & declaré par noſdits Edict & Declaratió,

& non pour donner moyen aufdictz
Receueurs d'en abufer & s'en preua-
loir à noftre preiudice : Neantmoings
foubs pretexte que par arreft de no-
ftredict Confeil du feiziefme Nouem-
bre oudict an quatre vingts dixneuf,
& nos lettres de Declaration du vingt-
iefme Ianuier mil fix cens, Regiftrées
en noftre Cour des Aydes, il auroit
efté dict, qu'à faulte de payer par lefdicts Receueurs les taxes faictes fur
eux que le porteur des quictances des
taxes faictes pour ladicte attribution
en faifant le rembourfement des Sergens des Tailles fupprimez par lefditz
Edict & Declaration, & defdomma-
geant ceux qui refteroient en leurs offices iouyroit defdicts droictz, plufieurs
defdicts Receueurs faignans ne vou-
loir payer leurs taxes, iouyffent neantmoins defdicts droictz, & les font receuoir par mains interpofees, Et auffi

plufieurs particuliers de nos fubiects
fur les reffuz veritables d'aucuns Receueurs n'ont faict difficulté de leuer lefdictes quictances defdites taxes, & s'en
rédre porteurs, pour iouyr à leur prof-
fit, comme ils font fans aucun empef-
chement, defdits droictz de port de
Commiffion. En quoy nous fommes
fruftrez des proffits qui nous doiuent
efcheoir, lors que les offices defdicts
Receueurs viennent à vacquer par
mort, forfaicture ou refignation. Et
cefte poffeffió eftant telle qu'elle pro-
duict vn effect d'heredité, fans auoir
tiltre valable, n'y qu'é ayons receu aucune vtilité, Nous auons arrefté d'y
pourueoir, & toutesfois en telle forte,
que nofdicts Receueurs, n'y les particuliers nos fubiects, qui nous ont fe-
couru en noftre neceffité, n'é puiffent
receuoir perte n'y dommage. S ç A-
V O I R FAISONS qu'aprés auoir mis

ceſt affaire en deliberation en noſtre
Conſeil, ou eſtoient les Princes de noſtre ſang, pluſieurs officiers de noſtre
Couronne, & autres grands & nota-
bles perſonnages, Novs de l'aduis de
noſtredict Conſeil, & de noſtre cer-
taine ſcience, plaine puiſſance & au-
thorité royalle, Avons par le preſent
Edict perpetuel & irreuocable, dict,
ſtatué & ordonné, diſons, ſtatuons,
ordonnons, voulons & nous plaiſt,
que doreſnauant les droictz du port
des mandemens de nos Tailles, Taillon, & Creuës ordinaires & extraordinaires : Sçauoir de quarante ſols pariſis
pour le principal de la Taille, dix ſols
pariſis pour le Taillon, Autres dix ſols
pariſis pour la grande Creuë extraordinaire, Pareil droict pour la Creuë
des Turcyes & leuées pour les Eſlections où elle a lieu. Et auſſi dix ſols
pariſis pour chacune Creuë extraor-

dinaire qui arriue au courant de l'année, à prendre fur chacune parroiffe,
pour chacun mandement defdites leuées, & attribuez comme diǎ eft,
aux Receueurs de nofdictes Tailles,
Par nofdits Edicts & Declarations feront tenus & poffedéz hereditairement a toufiours, tant par lefdits Receueurs des Tailles, qu'autres porteurs
des quictances de la fináce payée pour
la iouyffance defdits droictz: A la char
ge de payer par chacun d'eulx la fom-
me à laquelle il fera raifonnablement
taxé en noftre Confeil, pour iouyr dudict droict d'heredité, dans vn mois, à
compter du iour de la fignification
qui fera faicte de leur taxe, à leur per-
fonne, où pour lefdits Receueurs au
Bureau ordinaire de leur Recepte, Et
aux Eflections ou lefdicts Receueurs,
ou aucuns d'eulx ne font poffeffeurs &
iouyffans defdits droictz, Leur auons

permis

permis & permettons en payant ladite taxe pour ledit droict d'heredité,
dans ledict temps, & remboursans dās
pareil temps apres les proprietaires
desdits droictz des sommes pour les-
quelles iceulx droictz seron iugez en
noſtre Conſeil, ou par les ɼ reſoriers
Generaulx de France des lieux, leur
eſtre engagez, y compris leurs fraiz &
loyaux couſts, d'vnir à leurſdits offices leſdits droictz & en iouyr auec ladicte faculté d'heredité. Et où dans les
temps & termes ſuſdictz, leſdits Receueurs ne feroient leſdicts payemens,
Nous voulons & entendons que ceux
qui poſſedét à preſent leſdits droictz,
y ſoient maintenus & conſeruez, en
payant la taxe de ladicte heredité, Et
en ce faiſant leſdicts Receueurs des
Tailles & particuliers iouyront d'i-
ceulx droictz plainement & paiſible-
ment auec ladicte faculté d'heredité,
Sans qu'eulx, leurs veufues & heritiers,

ou ayãs cauſe, en puiſſent eſtre depoſ-
ſeddez, qu’é les rembourſant cóptant,
& a vn ſeul & actuel payement de
leurſdits d eniers. t aduenant vacatió
par mort des offices deſdicts Receueurs des a illes , & qu’au moyen de
ladite vaccation nous venions ou nos
ſucceſſeurs à pourueoir auſdits offices,
Nous voulós que les nouueaux pour-
ueuz rembourſent dans trois mois a-
pres qu’ils auront leué leſdits offices en
noz parties Caſuelles, & auant leur re-
ception en iceux, les veufues & heritiers des deceddez des deniers payez
en noz coffres pour l’attributió deſdits
droictz & heredité d’iceux, Si mieux
n’ayment leſdites veufues & heritiers
les conſeruer à eux & en iouyr. Tous
leſquelz droictz ſeront payez aux acquereurs d’iceulx, ou leurs procureurs,
ou commis par les Collecteurs des
Tailles, au terme & en la maniere ac-
couſtumée. Leſquels à ce faire en cas

de reffuz, voulons y eftre contrainƈts par les voyes ordinaires , & comme pour nos deniers &affaires,fans qu'aucun autre fe puiffe entremettre à la recepte & maniement defdicts droictz. Et ayant efgard qu'és Commiffions & mandemens qui font enuoyez par les parroiffes les termes des payemens de nos deniers y font declarez , & auffi par l'intitulé des affiettes, & que par ce moyen les Collecteurs des Tailles font aduertis du temps dudict payement, Nous voulons que les acquereurs & poffeffeurs defdicts droictz foyent & demeurent à l'aduenir defchargez de faire faire les femonces, & qu'ils en foyent quictes en faifant porter lefdits mandemens aux parroiffes dans le temps accouftumé. SI DONNONS EN MANDEMENT à nos amez & feaulx Confeillers les gens tenans nos Aydes à Paris, & Montferrand, Que le prefent noftre Edict ils facent lire, publier & regiftrer, & le côtenu en iceluy inuiolablement garder & obferuer, nonobftant toutes oppofitions faictes & a faire, & fans preiudice d'icelles, dont nous auons retenu & referué la cognoiffance à nous & à noftre Confeil, & icelle interdite à tous Iuges : Car tel eft noftre plaifir. Et afin que ce foit chofe ferme & ftable à toufiours, nous auons faict mettre noftre fcel à cefdites prefentes, Sauf en autre chofe noftre droict, & l'autruy en toutes. DONNE à Tours au mois de Iuillet, l'an de grace mil fix cens dix-neuf. Et de noftre regne le dixiefme. Signé, LOVIS. Et fur le reply, Par le Roy, DELOMENIE. Et à cofté, VISA. Et plus bas fur ledict reply, Regiftré en la Cour des Aydes, ouy le Procureur General du Roy, fuyuant & aux charges portees par l'Arreft de ladicte Cour, donné ce iourd'huy les Chambres affemblees

dixhui&ctieſme iour de May, l'an mil
ſix cens vingt. Signé, P A V L M I E R.
Et ſcellee en lacz de ſoye rouge & verte, du grand ſeau de cire verte.

Extraict des Regiſtres du Cõſeil d'Eſtat.

 V R ce qui a eſté remon-
ſtré au Roy en ſon Con-
ſeil, Que Maiſtres Iehan
Bordier, Iehan Phiippes,
Denis Neret,   Dubois,
Clapiſſon, Pierre Meſmyn,
Raffart, &   Bourcier, Receueurs des Tailles és Eſlections de
Paris, Chaſteauthierry, Melun, Soiſ-
ſons, Nogent ſur Seine, & Sens, ſe
ſont oppoſez en la Cour des Aydes
à la verification de l'Edict du mois
de Iuillet dernier, portant l'heredité
des droictz du port des Commiſſions
des Tailles, Taillon, Creuës ordinaires, extraordinaires, Turcyes & le-
B iij

uees,& la grande Creuë extraordinaire par toutes les Eslections ressortis-
santes des Cours des Aydes de Paris
& Montferrand, en payant la taxe
pour ce faicte au Conseil, Requerans
lesdicts Receueurs la communication
dudict Edict, pour apres bailler leurs
causes d'oppositions. Encores que par
iceluy Edict il soit expressement man-
dé ausdictes Cours des Aydes de le faire lire, publier & regiftrer, nonobftant toutes oppofitions faictes & à
faire,& fans preiudice defquelles, (fi
aucunes interuiennent) fa Majefté s'en
eft referué & à fondict Confeil la có-
gnoiffance, & icelle interdicte à tous
Iuges. Le Roy en fondict Confeil
A ordonné & ordonne que comfor-
mément audit Edict lefdits Bordier,
Philippes, Neret, Dubois, Clapiffon,
Mefmyn,Raffart, & Bourcier, feront
tenus de mettre és mains du fieur de
Caftille Confeiller de fa Majefté en

ſes Conſeils, Intendant & Controolleur general de ſes Finances, leurſdites
cauſes d'oppoſitions dans huict iours,
pour toutes prefixions & delais, à cõ-
pter du iour de la ſignificatiõ qui leur
ſera faicte du preſent Arreſt, A faulte
dequoy ſera paſſé outre à la verification d'iceluy. Faict au Conſeil d'Eſtat
du Roy tenu à Paris le dixneufieſme
iour de Mãrs mil ſix cens vingt.
     Signé,   MALIER.

L'An mil ſix cens vingt, le vingt-
ſeptieſme iour de Mars l'Arreſt
du Conſeild'Eſtat du Roy en datte du
dixneufieſme iour du preſent mois &
an, ſigné Malier, cy attaché, a eſté
monſtré, ſignifié, & d'iceluy baillé
coppie aux fins y contenuës à Maiſtres
Iean Bordier, Iean Philippes, Denis
Neret,   Dubois,
Clapiſſon, Pierre Meſmyn,
Raffart,&   Bourcier, Rece-

ueurs des Tailles és Eſlections de Paris, Chaſteau-thierry, Melun, Soiſ-ſons, Nogent ſur Seine & Sens, y deſ-nommez, Et ce en la maiſon & do-micille de Maiſtre Sebaſtien Hardy Receueur des Tailles du Mans, & Scindic deſdicts Receueurs, pour eux tous, parlant à la perſonne dudit Har-dy en ceſte ville de Paris, a ce qu'ils n'en pretendent cauſe d'ignorance. Et qu'ils ayent à ſatisfaire au contenu du-dict Arreſt dans le temps y prefix, Par nous premier Huiſſier du Roy en ſes Conſeils d'Eſtat & Priué, ſoubs-ſigné. Signé, TOVRTE.

Le vingt.huictieſme iour deſdicts mois & an, ledict Arreſt a auſſi eſté móſtré, ſigniſié, & d'iceluy baillé cop-pie, aux fins y contenuës, à Maiſtre Iehan Bordier Receueur des Tail-les en l'Eſlection de Paris y deſnom-mé, pour tous leſdits Receueurs, par-

lant

lant à Suzanne le Pot seruante dome-
stique dudit Bordier en son domicille
à Paris, ruë S. Denys, à ce qu'ils n'en
pretendent cause d'ignorãce. Et qu ils
ayent à satisfaire audict Arrest dans le
tẽps y prefix, Par nous premier Huis-
sier susdict. Signé, TOVRTE.

EXTRAICT DES REGI-
stres du Conseil d'Estat.

SVR ce qui a esté representé au
Roy en son Conseil, Qu'encores que par Arrest donné en iceluy le dixneufiesme iour de Mars dernier, il ayt esté ordonné, que Maistres
Iehan Bordier, Iehan Philippes, Denis Neret,   Dubois.
Clapisson, Pierre Mesmyn,
Raffart, &   Bourcier, Receueurs des Tailles des Eslections de
Paris, Chasteauthierry, Melun, Sois-

C

sons , Nogent sur Seine , & Sens,
qui se sont opposez en la Cour des
Aydes à la verification de l'Edict de
sa Majesté du mois de Iuillet dernier, pour l'heredité des droictz du
port des Commissiós des Tailles, Taillon & Creuës mentionnées audict E-
dict. Mettroient dãs huict iours pour
toutes prefixions & delaiz , à compter
du iour de la signification qui leur seroit faicte dudit Arrest , les causes de
leurdicte opposition és mains du sieur
de Castille Conseiller au Conseil d'E-
stat, Intendant & Controolleur general des Finances de sa Majesté , Autrement & à faulte de ce faire, qu'il seroit
passé outre à la verification dudict E.
dict: Neantmoins ils n'ont tenu com-
pte d'y satisfaire : Combien que ledit
Arrest leur ait esté signifié le vingt-
huictiesme dudit mois de Mars, dont
le seruice de sa Majesté reçoit preiudi-

ce & retardement. V E v ledit Arreſt
du dixneufieſme Mars dernier,enſem-
ble la ſignification d'iceluy du vingt-
huiċtieſme dudict mois, LE ROY
en ſon Conſeil,a ordonné & ordonne,
que ſans auoir eſgard à ladicte oppoſi-
tion formée par leſdicts Bordier, Philippes,Neret,Dubois,Clapiſſon,Meſ-
myn,Raffart & Bourcier,Que ſa Majeſté à leuees & oſtees, il ſera paſſé outre à la verification pure & ſimple dudict Ediċt du mois de Iuillet, Et qu'à
ceſte fin toutes lettres neceſſaires ſerót
expediees. Faiċt au Conſeil d'Eſtat du
Roy,tenu à Fontainebleau le huiċtieſme iour d'Auril mil ſix cens vingt.

Signé,   BARDEAV.

EXTRAICT DES REgiſtres de la Cour des Aydes.

Ev par la Cour les Lettres patentes du Roy en forme d'Edict, données à Tours au mois de Iuillet mil ſix cens dixneuf. Signées LOVIS. Et ſur le reply, Par le Roy, DELOMENIE. Et à coſté, VISA. Et ſeellees de cire verte ſur lacz de ſoye rouge & verte. Par leſquelles ſa Majeſté ordonne, veult & luy plaiſt, que doreſnanant les droictz du port des mandemens des Tailles, Taillon, & Creuës ordinaires & extraordinaires à prendre ſur chacune parroiſſe pour chacun mandement des leuées attribuez aux Receueurs des Tailles. L'Edict du feu Roy du mois de Iuin mil cinq cens quatre vingts dixneuf & Declaration du vingtieſme

Ianuier mil six cens, soyent tenuz & possedde_z hereditairement & à tousiours, tant par lesdicts Receueurs des Tailles, que autres porteurs des quictances de la finance payée pour la iouyssance desdicts droictz, en payant par eulx la Taxe qui sera faicte au Cõseil, pour iouyr dudict droict d'hereditté, dans vn mois du iour de la signification de leur taxe, aux charges & conditions à plain contenues audict Edict. Arrest du Conseil d'Estat du Roy du dix-neufiesme Mars dernier, Par lequel sa Majesté auroit ordonné que les Receueurs des Tailles és Esleétions de Paris, Chasteauthierry, Medun, Nogent sur Seine, & Sens, opposans en ladicte Cour à la verification dudict Edict, seroient tenus mettre és mains du sieur de Castille Conseiller, Intendant & Controolleur general des Finances de sa Majesté,

C iij

leurs caufes d'oppofition dans huict
iours pour tous delaiz, apres la fignification dudict Arreft, à faulte dequoy
feroit paffé oultre à la verification dudict Edict. L'exploict de fignification dudict Arreft faicte au domicille
de Maiftre Sebaftien Hardy Receueur des Tailles du Mans, Scindic defdicts Receueurs, pour eulx tous. Et à
Maiftre Iehan Bordier Receueur des
Tailles de l'Eflection de Paris , auffi
pour tous lefdits Receueurs, les vingt-
fept & vingt-huictiefme iours dudict
mois de Mars. Autre Arreft dudict
Confeil d'Eftat du huictiefme Auril
enfuiuant, Par lequel fadicte Majefté
Sans auoir efgard à l'oppofition defdicts Receueurs, qu'elle auroit leuée
& oftée , Auroit ordonné qu'il feroit
paffé oultre à la verification pure &
fimple dudict Edict. Et à cefte fin que
toutes lettres neceffaires feroient ex-

pediées. Conclusions du Procureur
General du Roy, Et tout consideré:
IL A Cour les Chambres assemblées,
A ordonné & ordonne que lesdictes
lettres en forme d'Edict seront regi-
strées au Greffe d'icelle , à la charge
neantmoings que le temps d'vn mois
de payer la taxe dudict droict d'heredité ne courra contre les Receueurs,
sinon du iour de la signification faicte
au Bureau de leur Recepte, & contre
les particuliers possesseurs desdicts
droicts du iour de la signification qui
leur en sera faicte à personne ou do-
micille, & que lesdicts Receueurs desdictes Tailles, & autres reffusans d'ac-
cepter ledict droict d'heredité , ne
pourront estre depposseddez, qu'au
prealable ils n'ayent esté remboursez
de la finance qu'ils iustifieront estre
entree aux coffres du Roy, & des fraiz
& loyaux coustz.   Prononcé le dix-

huictiefme iour de May l'an mil fix
cens vingt.   Signé, PAVLMIER.

EXTRAICT DES REGI-
ftres du Confeil d'Eftat.

SVR ce qui a efté remon-
ftré au Roy en fon Con-
feil, que par fon Edict du
mois de Iuillet mil fix cés
dix-neuf, verifié en la
Cour des Aydes de Paris, le 18 May
mil fix cens vingt. Sa Maiefté a faict
& rendu hereditaires les droicts des
ports des Commiffions des Tailles,
Taillon & Creuës extraordinaires,
auec difpenfe & defcharge de faire à
l'aduenir aucunes femonces, & par
iceluy accordé aux Receueurs des
Tailles, la faculté de rembourfer les
particuliers qui fe font cy-deuant ré-
dus proprietaires defdits droicts, de
dans

dans vn mois apres le payemét qu'ils feroient au Threforier de fes parties Cafuelles des fommes aufquelles monteront les taxes moderées qui en auront efté faictes en fon Confeil, & à faulte de ce faire, que lefdicts particuliers proprietaires feront receuz à iouyr defditz droicts en heredité en payant lefdictes taxes. Et d'autát qu'il pourra arriuer que lefdicts Receueurs & particuliers proprietaires feront refufans de payer lefdictes taxes, & qu'il n'eft porté par ledict Edict qu'il iouyra defdictz droictz en leur refuz, à quoy il eft befoin de pouruoir, à fin que fa Maiefté puiffe eftre fecouruë des deniers defdictes taxes: enfemble de iuger & decider quel rembourfement conuiendra faire foit aufdicts Receueurs ou Particuliers proprietaires, tant des Finances principales, que de leurs fraiz & loyaux coufts, fi aucuns y eſcheent : Meſmes de commettre quelqu'vn des ſieurs Conſeillers de ſon dit Conſeil, pour à ſon rapport iuger & decider en iceluy les differents qui pourroient ſuruenir en execution dudit Edict, Roolle des taxes, recouurement de deniers ou autrement. Veu ledict Edict, & verification d'iceluy en ladite Cour des Aydes, & eu eſgard que ceux qui iouyſſent à preſent deſdicts droictz ont ſeulement des quictances de Finances ſignées de Monteſcot & Seruient Threſoriers de ſeſdictes parties Caſuelles, ſur leſquelles n'ayans obtenu aucunes lettres de ſa Maieſté, ny contracts d'adiudication, ils n'ont par conſequent faict aucuns fraiz en faiſans leſdicts payemens. LE ROY en ſon Conſeil a ordonné & ordonne, qu'au reffuz deſdictz Receueurs & particuliers proprietaires iouyſ-

sans à present desdictz droictz, de faire lesdictz payemens desdictes taxes
pour ladicte attribution d heredité
desdictz droictz de ports de Commissions, & pour ladite descharge de
semonces dedans le temps porté par
ledit Edict, & iceluy expiré, ceulx qui
payeront lesdictes taxes & rembour-
seront lesdictz Reccueurs ou particuliers proprietaires des sommes de
deniers par eux financez és coffres de
sa Maiesté , pour iouyr desdictz
droictz de portz de Commissions,
iouyront à l'aduenir d'iceulx droictz,
ensemble leurs veufues , heritiers ou
ayás cause en heredité, sás estre tenus
desdictes semonces, ains seulement
de l'enuoy desdictes Commissions, se-
lon & ainsi qu'il est porté par le suf-
dict Edict & arrest de verification,
Sans que les remboursez qui n'aurót
que les simples quictances desdictes
D ij

Finances puiſſent pretendre aucuns fraiz, ny loyaux couſts, la liquidation deſquelles Finances ſadicte Maieſté a ordonné eſtre faicte en ſondict Conſeil, ou par les Threſoriers de France des Generalitez où il en eſcherra. Faict au Conſeil d'Eſtat du Roy tenu à Paris, le huictieſme iour de Mars, mil ſix cens vingt & vn.

Signé,   MALIER.

EXTRAICT DES REGIſtres du Conſeil d'Eſtat.

SVR ce qui a eſté remonſtré au Roy en ſon Conſeil, Que ſur les plainctes cy deuant faictes des Concuſſions & actions que faiſoient les Sergens des Tailles à l'enuoy des ports des Commiſſions des Tailles, Taillon & Creuës, Le feu Roy der-

nier deceddé auroit par son Edict du
mois de Iuin mil cinq cens quatre
vingts dixneuf, Declarations, Ar-
rests & Reglemens depuis interuenus en suitte dudict Edict, distraict
& osté les droictz desdicts ports de
Commissions ausdicts Sergens, &
iceulx attribuez aux Receueurs des
Tailles de ce Royaume, en payant
par eulx finance moderée à quoy ils
seroient taxez, Et ce dedans certain
temps à eulx prefix. Et sur la negli-
gence par eulx faicte de payer ladicte
taxe, par Arrest du Conseil du seizié-
me Nouébre audict an quatre vingt
dix-neuf, & lettres de Declaration de
sa Maiesté, du vingtiesme Ianuier,
mil six cens, registrée en la Cour des
Aydes, auroit esté ordonné qu'à faulte de payer par lesdicts Receueurs les
taxes qui auoiét esté sur eulx faictes,
les porteurs des quictances iouyroiét

defdicts droicts. Et fur le refus faict par lefdicts Receueurs, plufieurs particulers ont payé les fommes defdictes taxes, & en ce faifant fe font rendus proprietaires defdicts droicts, defquels ils ont iouy & iouyffent encores à prefent, fans que depuis ledict temps lefdicts droicts ayent peu vacquer au profit du Roy. D'aultant que les quictance n'ont efté remplies d'aucuns noms ny n'en a efté faict aucun enregiftremét aux Greffes des Eflections. Par le moyen duquel l'on ait peu fçauoir au vray qui en eftoiét les proprietaires, afin que vacation aduenant par mort il y feuft pourueu par fa Maiefté. A raifon dequoy par Edict du mois de Iuillet 1619. verifié en la Cour des Aydes de Paris, le 18. May enfuiuant. Sadicte Maiefté auroit declaré lefdicts droicts hereditaires, & defcharge à l'aduenir les Rece-

ueurs des tailles ou autres proprietaires de faire aucunes femonces és Parroiffe, felon qu'ils eftoient tenus par
ledict Edict du mois de Iuing 1599.
En payant fommes moderées felon
la taxe qui en feroit faicte audict Côfeil. Et d'aultant que depuis ladicte
verification dudict droict du mois
de Iuillet 1619. Sa Maiefté a reftably
le droict annuel à fes Officiers, & fait
procedder aux taxes efquelles chacun
d'eulx feroient tenus payer pour
iouyr du benefice de la difpence des
quarante iours, du nombre defquels
font partie les Receueurs des Tailles,
lefquels à l'occafion de ce pretendent
ne deuoir payer aucune chofe, à cau-
fe des taxes qui ont efté faictes pour
l'heredité defdicts ports de Commiffions defdrctes Tailles, Taillon, &
Creuës, comme iceulx droict ayant
efté attribuez à leurs offices & faifant

partie d'iceulx. VEV lefdicts Edicts Declarations, & Arrefts interuenus pour lefdicts ports desCommiffions. Les oppofitions formées en la Cour des Aydes de Paris, par lefdicts Receueurs des Tailles à la verificatió du dict Edict d'heredité. L'Arreft du Confeil du dix neufiefme Mars 1620. fignifieation faicte d'iceluy aufdicts Receueurs des Tailles, Enfemble autres Arrefts fur ce interuenus du huictiefme Auril enfuiuát, par lequel lefdicts Receueurs ont efté debouttez de leurs caufes d'oppofitions, & auffi qu'il y a grád nombre de particuliers qui iouyfsét defdicts droicts, & qu'áciennement iceulx eftoient deppendans des offices defdicts Sergens des Tailles, & non de ceulx defdicts Receueurs, & mefmes que la iouyffance qui en a efté faicte, a efte toufiours cóme de droicts feparez, & non vnis

& in-

& incorporez aufdicts offices de Receueurs. Et en cefte confideration que
lors qu'il a efté proceddé aux taxes
des offices d'iceulx Receueurs pour le
Droict annuel, lefdicts droictz ny ont
efté confiderez, ny compris. Le Roy
en son Conseil, a ordonné & ordô-
ne que fes Receueurs des Tailles, oultre & par deffus les taxes qui ont efté
faictes en fon Côfeil pour le Droict annuel de leurs offices, payeront les fommes efquelles ils ont efté taxez pour
joüir de l'heredité defdicts droictz de
port des Commiffions. Enfemble de
la defcharge des femonces, fuiuant &
conformement à l'Edict du mois de
Iuillet 1619. & veriffication d'iceluy
du dix-huictiefme May dernier. Et à
faulte de payer lefdictes taxes dans vn
mois apres la fignification qui leur fera faicte, felon qu'il eft porté par la
veriffication faicte dudict Edict, font

E

& demeurerôt iceulx Receueurs def-
cheus de la joüiſſance deſdicts droicaz.
Et ſuiuant autre Arreſt du 8. iour de
Mars dernier, ſera permis aux porteurs des quictáces dudict droict d'heredité d'en iouyr à l'aduenir, en rembourſant prealablement comptât les
finances qu'ils ont cy-deuant payées
ſelon quelles ſont liquidées par les ro-
olles des taxes qui en ont eſté faites
audit Conſeil, Comme leſdicts droicts
de ports des commiſſions, n'ayans eſté
compris en la taxe dudit Droict annuel, & iceulx non vnis & incorporez en leurs offices : Ains diuiſez, di-
ſtraicts & ſeparez de leurs charges.
Fait au Conſeil d'Eſtat du Roy, tenu à Paris, le 5. iour d'Auril, mil ſix
cens vingt vn.

Signé,   BARDEAV.

www.ingramcontent.com/pod-product-compliance
Lightning Source LLC
LaVergne TN
LVHW010450060726
842527LV00005B/1795